Fußballbuch für Kinder

Daniel Hertz

Fußballbuch für Kinder

Für Fragen und Anregungen:
info@xasty.de
Auflage 2022

INHALT

Einleitung

Hallo du,

da du dieses Buch lesen willst, gehe ich davon aus, dass du ein riesiger Fußballfan bist. Wenn du mich fragst, ist das auch nicht verwunderlich, denn Fußball ist wirklich ein toller Sport. Vor allem ist er sehr vielseitig. Man muss nicht unbedingt Mannschaft gegen Mannschaft spielen. Es ist auch möglich, sich einfach nur zu zweit den Ball zuzupassen oder auf ein Tor zu schießen. Manchmal macht das sogar genauso viel Spaß wie das Spielen in einem Team. Ob als Hobby oder als Profispieler in einem Verein, ein Großteil der Deutschen, wenn nicht sogar der gesamten Weltbevölkerung, hat schon mindestens einmal in seinem Leben Fußball gespielt.

Aber weißt du, was das besonders Schöne an dem Sport ist? Er ist nicht ausschließlich für Jungs, sondern kann auch von Mädchen betrieben werden. Erst vor Kurzem endete die letzte Fußball-Weltmeisterschaft der Frauen, bei der England gewonnen hat. Vielleicht hast du das eine oder andere Spiel ja sogar mitverfolgt.

Fußball verbindet, das haben wohl schon viele Spieler gemerkt. Sei es durch das Bilden von Mannschaften und das erforderliche Teamwork, wodurch sich schnell neue Freundschaften bilden, oder durch das gemeinsame Anfeuern des Lieblingsteams. Na gut, zugegeben, manchmal spaltet es einige Menschen auch, gerade, wenn sie unterschiedliche Vereine toll finden. Letztendlich hat Fußball aber doch immer diese verbindende Funktion, denn spätestens bei der nächsten Europa- oder Weltmeisterschaft sind sich alle wieder einig.

Wie du vielleicht schon mal in deinem Umfeld mitbekommen hast, wird Fußball oft sehr ernst genommen. Eltern, deren Kinder in Vereinen spielen, nehmen das meiste sogar oft ernster als die Kinder selbst. Lass dich davon aber nicht beirren, denn zu gewinnen, ist nicht das Wichtigste im Sport. Nein, ganz im Gegenteil: Das Wichtigste ist es, Spaß zu haben und sich zu bewegen. Denn trotz der ganzen Turniere und Weltmeisterschaften ist Fußball doch letztendlich nur eins: Ein Spiel und Spiele sollen ja schließlich Spaß machen.

Aber lassen wir das und kommen wir zu den wirklich wichtigen Dingen: dem Inhalt dieses Buches.

Wie du bereits dem Titel des Buches entnehmen kannst, wirst du hier einige interessante Fakten über Fußball kennenlernen. Aber stopp, leg das Buch jetzt bloß nicht zur Seite, denn es sind nämlich keine Fakten à la „1579 wurde Spieler xy zum fünften Mal zum besten Spieler von Mannschaft z gekürt". Auch wenn das

für einige auch ganz interessant sein kann, widmen wir uns nämlich eher unbekanntem Wissen.
Weißt du zum Beispiel, warum auf den Färöerinseln der Ball beim Elfmeterschießen festgehalten werden darf? Oder warum ein Torwart aus Argentinien regelmäßig aufs Spielfeld gepinkelt hat? Wenn nicht, solltest du auf jeden Fall weiterlesen, denn solche und ähnliche Fragen werden dir im Laufe dieses Buches beantwortet werden. Dabei wirst du dir wohl den einen oder anderen Lacher nicht verkneifen können und das ist auch gut so. Immerhin ist Lachen ja gesund und wie ich weiter oben bereits erwähnt habe, muss Fußball nicht immer nur ernst sein.

Nun werfen wir aber noch einmal einen genaueren Blick auf den Inhalt. Wir fangen an mit der Geschichte des Fußballs. In diesem zugegebenermaßen noch nicht ganz so lustigen Kapitel wirst du erfahren, wann das erste Mal Fußball gespielt wurde und wie dieser Sport sich über die ganze Welt verbreitet hat. Dabei werfen wir auch einen Blick auf die Geschichte des Frauenfußballs, der sich unabhängig vom Männerfußball entwickelt und erst deutlich später durchgesetzt hat. Für die Frauen gab es anfangs sogar noch einige ganz besondere Regeln.

Danach wird es schon etwas witziger. Im Fußball gab und gibt es nämlich einige Regeln, die echt komisch sind oder erst sehr spät eingeführt wurden. Im zweiten Kapitel sehen wir uns einige dieser Regeln genauer an und machen uns Gedanken darüber, wie sinnvoll diese wohl sind. Lass mich dabei vorwegnehmen, dass in der Regel alles in irgendeiner Weise einen Sinn hat. Manchmal ist dieser nur leider nicht so nachvollziehbar, wie du selber sehen wirst.

Jeder und alles hat so seine kleinen Geheimnisse, so auch der Fußball. Na gut, so richtig geheim sind sie jetzt auch nicht, aber die Fakten, die dir im dritten Kapitel begegnen werden, sind auf jeden Fall nicht jedem bekannt. Genau dem möchte ich jetzt entgegenwirken. Ich kann dir versprechen, dass du bei einigen dieser Fakten an den Spielern und ihrem Verstand beziehungsweise ihrem Verhalten zweifeln wirst. Vielleicht wirst du aber auch ab und zu einmal schmunzeln, denn einige von diesen Fakten sind auch echt zu blöd, um wahr zu sein. Darüber hinaus habe ich dir in dem entsprechenden Kapitel aber auch einige Fakten zusammengestellt, die nicht lustig oder zum Verzweifeln sind, sondern einfach nur interessant. Mit diesem unnötigen Wissen kannst du dann vor anderen Fans des Sports angeben oder es einfach für dich behalten und dich über die Zusatzinformationen freuen.

Darauf folgt ein Kapitel über Aberglauben im Fußball. Viele Spieler haben nämlich ihre eigenen Rituale, die sie in eine Phase der Konzentration versetzen und ihnen Glück bringen sollen. Für Trainer gilt dasselbe, denn auch sie wünschen sich natürlich Glück für ihre Mannschaft. Einige dieser Rituale, die Fußballer haben, sind sehr komisch, weil sie so ungewöhnlich sind, dass man selber wahrscheinlich nie auf solche Ideen kommen würde. Davon abgesehen gibt es aber auch einige Angewohnheiten, die man vielleicht auch für sich selbst anwenden könnte, wer weiß. Gerade, wenn du selbst Fußball spielst, kannst du dir in diesem Kapitel vielleicht etwas abgucken. In die Kategorie der ungewöhnlichen Rituale lässt sich übrigens auch der pinkelnde Torhüter einordnen, aber dazu erfahrt ihr in dem Kapitel mehr.

Zum Schluss kannst du deine Lachmuskeln noch einmal so richtig trainieren. Mit den lustigsten Fußballzitaten gibt es da nämlich so einige gute Anlässe für. Vielleicht kennst du das auch: Wenn du sehr gestresst oder übermäßig glücklich bist, redest du manchmal ganz durcheinander. Wenn das nur unter Familien oder Freunden passiert, ist das nicht so dramatisch. Anders sieht es schon aus, wenn so etwas bei einem Interview passiert. Solche Momente wird die Welt nämlich wahrscheinlich nie vergessen. Im letzten Kapitel habe ich euch einige der besten Zitate aufgelistet und hinterfrage mit dir, was die Spieler wohl eigentlich sagen wollten.

Jetzt habe ich aber wirklich genug geschwafelt. Zieh dein Trikot an, wärm dich gut auf und mach dich bereit für ein paar spannende Lehrstunden über Fußball, die du garantiert nicht so schnell vergessen wirst. Anpfiff!

Die Geschichte des Fußballls

Wie du dir ganz bestimmt denken kannst, war der Fußball nicht schon immer da. Es ist immer das Gleiche, egal, welche Sportart oder welches Spiel man betrachtet: Am Anfang steht immer zuerst jemand, der die Idee dafür hatte. Diese Idee wird dann immer weitergesponnen, bis ein neues Spiel oder eine neue Sportart daraus entsteht.

Wenn du dieses Buch in den Händen hältst, dann ist Fußball wahrscheinlich ein Hobby von dir. Entweder du spielst selber regelmäßig oder du schaust dir gerne die Spiele im Fernsehen an, nicht wahr? Gerade, wenn man etwas gerne macht, halte ich es für wichtig, sich auch ein wenig mit der Vergangenheit dieses Hobbys auseinanderzusetzen. Das werden wir in diesem Kapitel tun. Hier kannst du dir einen Überblick darüber verschaffen, wie der Fußball überhaupt seinen Weg in unsere Welt geschafft hat.

DER URSPRUNG

Angefangen hat das Ganze schon ewig lange vor deiner Geburt. Um genau zu sein, sprechen wir hier von einer Zeit, die mehrere Jahrhunderte vor Christus liegt, also noch vor dem Beginn unserer Zeitrechnung. In dieser Zeit haben die Chinesen nachweislich mit Bällen gespielt, die mit Federn und Haaren gefüllt waren. Ob sie wirklich schon einen Vorläufer des Fußballs spielten, kann nicht eindeutig nachgewiesen werden. Man geht aber davon aus, dass es so war.

Auch die Ureinwohner des amerikanischen Kontinents haben mit Bällen gespielt. Vermutlich hielten sie sich auf diese Art für die Jagd fit. Indem sie Bällen hinterherliefen, konnten sie nämlich testen, wie schnell sie hinter einem Tier herlaufen konnten. Vielleicht ging es auch nicht nur um das Hinterherlaufen, sondern auch darum, zu üben, wie schnell sie vor einem wilden Tier wegrennen konnten. Schließlich wendete sich das Blatt manchmal plötzlich und die Jäger wurden plötzlich zu Gejagten, wenn sie von einem Tier entdeckt wurden.

Nach Europa kam der Fußball vergleichsweise spät. Erst im Mittelalter begann man damit, diese Sportart auszuüben. Anfangs war das vor allem in England, Frankreich und Italien der Fall. Man spielte hier oft Dorf gegen Dorf beziehungsweise Stadt gegen Stadt. Ziel war es, den Ball in das Stadttor der gegnerischen Mannschaft zu spielen. Das klingt doch schon sehr nach dem Fußball, wie wir ihn kennen, stimmt's? Na ja, ein bisschen anders war es schon noch, denn damals gab es noch keine Regeln für die Spiele. Aus diesem Grund ging es oft sehr aggressiv zu. Oft gab es wilde Prügeleien im Kampf um den Ball, Verletzungen waren da nichts Ungewöhnliches. Genau deswegen wurde die Sportart sogar für einige Zeit in England verboten. Man wollte nämlich vermeiden, dass das Land einen schlechten Ruf bekommt. Die Engländer waren nämlich stolz, dass sie oft als vornehme Herren angesehen wurden. Das sollte dann natürlich nicht nur durch eine ruppige Sportart zerstört werden.

Letztendlich wurde das Spiel aber doch wieder berühmt, auch in England. 1848 setzte man sich dann genau dort zum ersten Mal zusammen, um Regeln für den Fußball festzulegen. Auch das wird wohl mit dem guten Ruf zusammenhängen, den man unbedingt wahren wollte. Viele der damals festgelegten Regeln sind noch heute gültig. Du kannst also den Engländern dafür dankbar sein, dass sie dafür gesorgt haben, dass du beim Fußballspielen jetzt nicht mehr verprügelt wirst.

ERSTE VEREINE UND TURNIERE

Nach der Festlegung der ersten Regeln wurden nach und nach immer mehr Vereine gegründet. Gleichzeitig verbreitete sich die Sportart über die ganze Welt und kam somit auch nach Deutschland. In Berlin spielte man zum ersten Mal im Winter 1881 Fußball. Das kam zustande, weil mehrere Briten dort zu Besuch waren, die gerne spielen wollten. Der älteste noch existierende deutsche Fußballverein ist übrigens der Berliner Fußballclub (kurz BFC) Germania 1888. Dieser Verein ist schon 134 Jahre alt, was echt eine tolle Leistung ist, wie ich finde. Die Gründer des BFC Germania waren ein 17-jähriger Junge und seine Brüder und Freunde. Dass sich daraus etwas entwickelt, das so lange hält, ist schon erstaunlich.

Die erste deutsche Meisterschaft fand dann zwei Jahre nach der Gründung des BFC, also im Jahre 1890 statt. Sie war noch inoffiziell und es gab lange nicht so viele teilnehmende Mannschaften wie heute in der Bundesliga. Der erste offizielle deutsche Meister ist der VfB Leipzig. Dieser Verein gewann nämlich die erste offizielle Meisterschaft im Jahre 1903. Du fragst dich jetzt ganz bestimmt, warum die Meisterschaften plötzlich doch offiziell waren. Grund dafür ist die Gründung des Deutschen Fußballbundes. Der DFB, so ist die Kurzform für diesen langen Namen, existiert seit 1900. Seitdem wurden offizielle Meisterschaften ausgetragen, die unter festen Regeln abliefen.

Ab 1908 wurde Fußball eine olympische Disziplin. Das bedeutet, dass bei den Olympischen Spielen Mannschaften aus verschiedenen Ländern im Turnier gegeneinander antraten. Von da an begann der eigentliche Erfolgskurs des Fußballs. Das Spiel wurde so berühmt und beliebt, dass man es nicht als „Begleiterscheinung" zu anderen Disziplinen haben wollte. Aus diesem Grund wurde 1911 die erste Fußball-Europameisterschaft ausgetragen. Gewonnen hatte damals der Verein aus Böhmen. Böhmen war ein Ort, der im Gebiet des heutigen Tschechiens liegt.

Eine Europameisterschaft, das war für viele noch nicht genug. Man wollte noch mehr Mannschaften haben und noch mehr Länder im Kampf gegeneinander antreten sehen. So kam es schließlich zur ersten Weltmeisterschaft. 1930 spielten Mannschaften aus Europa und Amerika in Uruguay gegeneinander Fußball. Insgesamt nahmen 13 Länder an dem Turnier teil. Von einer richtigen Weltmeisterschaft kann so gesehen also noch nicht gesprochen werden, da die Teilnehmerzahl doch noch sehr begrenzt war. Trotzdem wurden insgesamt 18 Spiele ausgetragen. Am Ende gewann das Gastgeberland Uruguay die erste Weltmeisterschaft.

FRAUENFUẞBALL

Bis hierhin war das übrigens nur die Geschichte der Männer im Fußball. Bei den Frauen sah alles noch ganz anders aus. Mit der Bekanntheit des Fußballs stieg natürlich auch der Wunsch der Frauen, ebenfalls zu spielen. Die erste Frauenmannschaft wurde 1894 gegründet. Die „British Ladies", so nannte man diese englische Frauenmannschaft, spielten mit Rock und Hüten, um „den Anstand zu wahren". Ein solches Outfit wurde zu der Zeit nämlich noch von Frauen verlangt. Wenn eine Frau Hosen getragen hat, wurde sie schräg angeguckt. Das erste Turnier zwischen zwei Frauenmannschaften fand ein Jahr später statt und wurde mit großem Interesse verfolgt. Circa 10.000 Zuschauer sahen gespannt dabei zu, wie England-Nord gegen die Mannschaft aus England-Süd mit einem Endstand von 7:1 gewann.

Von da an stieg auch die Beliebtheit des Frauenfußballs. Am Ende kam es 1984 dann zu der ersten Fußball-Europameisterschaft der Frauen. Diese wurde anfangs in unregelmäßigen Abständen ausgetragen, hat mittlerweile aber dieselben Abstände wie die Meisterschaft der Männer. Mit der ersten Weltmeisterschaft der Frauen, die 1991 in China ausgetragen wurde, begann der Siegeszug der weiblichen Fußballer. Allerdings dauerte es noch bis 1996, bevor die Frauenmannschaften bei den Olympischen Spielen antreten durften.

Die Begeisterung für den Sport ist seit der Austragung der ersten Spiele und Meisterschaften wohl kaum gesunken. Stattdessen könnte man sogar sagen, dass sie noch deutlich weiter gestiegen ist. Bei jedem neuen Turnier findet man an jeder Ecke Fahnen der Vereine oder Nationalmannschaften. Oft bieten Restaurants das sogenannte „Public Viewing" an, bei dem die Gäste gemeinsam etwas essen und trinken und nebenbei Fußball schauen können. Auch im Fernsehen und Radio kommt man kaum um die Verkündung von Ergebnissen herum.

Ich würde sogar schon fast von einem Fußball-Wahn reden, wenn du mich fragst. Aber es ist doch gar nicht schlecht, oder? Ich meine, wenn es etwas gibt, das die Menschen verbindet. Etwas, was sie dazu bringt, die Mannschaften gemeinsam anzufeuern, gemeinsam die Hymnen mit ihnen zu singen und bei jedem Tor in Gemeinschaft zu jubeln. Wir Menschen brauchen manchmal solche gemeinsamen Interessen, um ein Gesprächsthema zu haben oder einfach nur, um sich als Teil einer Gemeinschaft zu sehen.

So, jetzt weißt du, wie der Fußball zu uns gekommen ist. Die Grundlage für alles, was du in Zukunft im Zusammenhang mit Fußball tun wirst, ist jetzt also gegeben. Und wenn du nicht selber spielst, so hast du wenigstens neues Wissen, mit dem du vor deinen Freunden angeben kannst. ;)

Als Nächstes beschäftigen wir uns mit den Regeln des Fußballs. Dabei werde ich dir aber nicht erklären, wann jemand im Abseits steht oder ab wann ein Strafstoß geschossen wird. Nein, stattdessen geht es um eher ungewöhnliche Regeln, aber ich möchte dir nicht zu viel vorwegnehmen, sieh einfach selbst:

Ungewöhnliche Regeln

Regeln werden festgelegt und das aus gutem Grund. Jede Regel hat auf ihre Art eine Daseinsberechtigung, auch, wenn man das vielleicht nicht immer glauben kann. Einige Regeln klingen nämlich erst einmal so bescheuert, dass man sich einfach nur darüber lustig machen könnte. Wenn man sich aber genauer damit beschäftigt, warum sie überhaupt festgelegt wurden, findet man sie meistens doch gar nicht mehr so blöd.

In diesem Kapitel soll es allerdings nicht nur um augenscheinlich bescheuerte Regeln gehen. Es gibt nämlich auch Regeln, die erst sehr spät in Kraft traten und bei denen man sich schon fragt, warum sie nicht schon früher kamen. Doch auch dafür gibt es meist Gründe, die wir uns auch genauer ansehen werden.

LUSTIGE UND UNGEWÖHNLICHE REGELN

Wusstest du, dass Spieler schon vor dem eigentlichen Spielbeginn die Rote Karte kassieren können? Oh ja, das ist tatsächlich möglich, zum Beispiel, wenn er sich beim Umziehen oder bei der Aufwärmung auffällig schlecht benimmt. Aber was passiert in einem solchen Fall? Startet die Mannschaft dann einfach schon mit einem Spieler weniger?

Das ist nicht möglich, denn laut den Regeln müssen alle Mannschaften mit den gleichen Chancen in ein Turnier starten. Dazu zählt auch die Anzahl der Spieler in der Mannschaft. Aus genau diesem Grund ist es möglich, dass ein Spieler, der schon vor dem Spiel Rot kassiert, ausgewechselt wird.

Übrigens müssen Mannschaften nicht unbedingt aus 11 Spielern bestehen. Wenn viele Spieler krank oder aus anderen Gründen verhindert sind, gilt das Team trotzdem noch als spielfähig, solange mindestens 7 Fußballer anwesend sind. Aufgrund der Gleichberechtigung darf die andere Mannschaft in einem solchen Fall dann auch nicht mit mehr Personen antreten. So etwas geschieht jedoch meistens nur in Turnieren zwischen zwei Dörfern. In der Bundesliga oder bei den Meisterschaften sind immer genug Ersatzspieler dabei.

Wie du weißt, trifft der Schiedsrichter teilweise wichtige Entscheidungen und sorgt somit für Fairness zwischen den Mannschaften. Er muss dabei immer neutral sein und wie Luft behandelt werden, um den Spielfluss nicht zu stören. Aber gerade wegen dieser Regelung könnte er schnell für eine Mannschaft zum Nachteil werden, zum Beispiel, wenn er ein Tor schießt.

Zugegeben, das passiert sehr selten und wenn, dann immer aus Versehen, aber es kann dennoch passieren. Wie geht man mit so einem Tor dann um? Ganz einfach, das Tor zählt. Wie gesagt, der Schiedsrichter soll als neutral gelten, deswegen gilt das Tor dann auch. Es wird also so gewertet, als wäre es von einem Spieler aus einer der Mannschaften geschossen worden. Genau deswegen ist es auch wichtig, dass Schiedsrichter unparteiisch sind, schließlich kann man ja nicht mal eben so einen neuen Schiedsrichter dazu holen, wenn der eigentliche ständig absichtlich Tore für eine bestimmte Mannschaft schießt.

Davon abgesehen gibt es ganz speziell auf den Färöerinseln eine Sonderregelung, die auch nur dort gültig ist. Auf den Inseln gibt es nämlich ein großes Problem: Es ist oftmals sehr windig. Da ist es nicht ungewöhnlich, dass der Ball gerne mal vor den Füßen der Fußballer wegkullert. Deswegen hat man entschieden, dass der Ball beim Elfmeterschießen von einem Mitspieler festgehalten werden darf. Wie oft es dabei wohl schon Verletzte gab? Schließlich müssen die Mitspieler dann ja auch schnell genug loslassen, sonst werden ihre Hände getreten oder der Ball fliegt gar nicht erst weg. Das wäre natürlich sehr ungünstig.

REGELN, DIE ERST SPÄTER KAMEN

Kommen wir nun zu den Regeln, die erst später für den Fußball festgelegt wurden. Fangen wir mit der Anzahl der Spieler einer Mannschaft an. Diese war nämlich anfangs noch gar nicht festgelegt. Beim Turnier zwischen den Dörfern und Städten durfte jeder mitspielen, der Lust dazu hatte. 1848 setzte man der Spieleranzahl erste Grenzen. Damals wurde an der Universität Cambridge festgelegt, dass Mannschaften aus mindestens 15 und maximal 20 Personen bestehen dürfen. Die Regelung, dass jede Mannschaft aus 11 Spielern bestehen muss, kam erst später. Dass man früher noch jeden mitspielen ließ, ist ja auch logisch. Schließlich wollte man die Begeisterung für den Sport teilen. Seit die Mannschaften aber auch nach Alter aufgeteilt werden und es jede Menge von ihnen gibt, ist es trotz der Begrenzung der möglichen Teilnehmer an einem Turnier kein Problem, in eine Mannschaft zu kommen.

Übrigens war es anfangs auch noch möglich, mit Händen und Füßen zu spielen. Wegen der hohen Verletzungsgefahr, da es schnell mal passieren kann, dass Hände getreten werden oder auch mal aus Versehen ein Fuß im Gesicht des Gegners, der den Ball gerade mit den Händen aufnehmen will, landet, und das Spiel so auch viel zu einfach wird, legte man fest, dass Fußball wirklich nur mit dem Fuß gespielt werden darf. Eine

Ausnahme ist da selbstverständlich der Torwart. Schließlich kann man mit dem Fuß ja schlecht hohe Bälle halten.

All diese Regeln wurden übrigens zu großen Teilen vom britischen Fußballverband festgelegt, der 1863 gegründet wurde. Allerdings gab es auch eine Gruppe, die sich von diesem Verein abgespalten hat, da sie nicht auf Tritte gegen die Schienbeine des Gegners verzichten wollte. Diese Gruppe war es, die später den Grundstein für den Rugby-Sport gelegt und die Rugby Football Union gegründet hat.

Wo wir gerade beim Thema brutale Spielweise sind, wusstest du, dass es auch die Strafstöße erst sehr spät gab? Nämlich ab 1891! Früher wurde Fußball oft an Privatschulen gespielt, auf die nur reiche Leute mit oft adligem Familienhintergrund gingen. Man ging einfach davon aus, dass diese Edelmänner es niemals wagen würden, ein Foul zu begehen. Später, als sich der Sport aber weiterverbreitete, wurden Schiedsrichter und Strafstöße eingeführt, um dem Ganzen die Brutalität so gut wie möglich zu nehmen.

Was auch erst sehr spät eingeführt wurde, war die Abseitsregelung, wie wir sie heute kennen. Sie kam wahrscheinlich später als alle anderen Regeln, die wir heute haben. Erst 1990 entschied man sich nämlich, dass sie greift, wenn ein Spieler näher am Tor ist als der letzte Gegenspieler, mit Ausnahme des Torhüters. Ab 1863 gab es zwar schon einen Vorläufer dieser Regel, doch der war noch ganz anders. Die erste Abseitsregelung legte nämlich fest, dass ein Spieler im Abseits steht, wenn er näher am Tor steht als der Ball. Damals war es also nicht möglich, nach vorne zu spielen. Stattdessen waren nur Dribblings und Zweikämpfe erlaubt.

Jetzt kennst du einige Regeln, die entweder zu spät kamen oder so ungewöhnlich sind, dass man gar nicht glauben kann, dass sie wirklich existieren. Vielleicht ist es ja mal ganz spannend, ein Turnier nach den alten Regeln zu spielen? Aber bitte seid dabei nicht allzu brutal, in Ordnung? Manchmal sind Regeln ja auch da, um sie zu brechen, aber man kann auch eigene Regeln aufstellen, um ein Spiel noch spannender zu machen. Versucht es doch einfach mal.

Faszinierende unbekannte Fakten

Wenn man Fan von etwas ist, möchte man selbstverständlich alles darüber wissen. Das wird wohl auch der Grund sein, warum du jetzt dieses Buch in den Händen hältst, nicht wahr? Jetzt kommen wir zu dem vielleicht spannendsten Teil dieses Buches. Wir kümmern uns jetzt nämlich um Fakten aus dem Fußball, die viele so gar nicht kennen.

Einige davon sind sehr interessant und einfach nur gut zu wissen. Quasi dieses unnötige Wissen, mit dem man vor Freunden angeben kann. Dann wiederum gibt es aber auch einige Fakten, die echt total witzig sind. Das schauen wir uns nun einmal genauer an.

GUT ZU WISSEN

Fangen wir zuerst einmal mit den interessanten Fakten an. Zum Beispiel wäre da die Einführung der Roten Karte, die einen Spieler aus dem Spiel verbannen kann. Man spielte schon lange Fußball, ohne diese Karte zu verwenden. Dass man sie nicht für nötig hielt, halte ich für recht unwahrscheinlich. Denn wie bereits erwähnt, war es früher vollkommen normal, auch das eine oder andere Mal brutal zu werden. Vielleicht hatte vorher einfach noch niemand die Idee, solche brutalen Spieler einfach rauszuwerfen, oder man tat es, ohne dafür eine Karte zu verwenden. Die Karten haben ja letztendlich auch einen symbolischen Wert, denn so sehen auch alle Zuschauer im Stadion oder am Spielfeldrand, was da los ist. Aber nicht nur für die Zuschauer gilt diese symbolische Wirkung. 1966 wurde nämlich ein Spieler des Platzes verwiesen. Dieser weigerte sich jedoch, das Spielfeld zu verlassen.

Zum ersten Mal verwendet wurde die Rote Karte dann bei der Weltmeisterschaft im Jahre 1974. Eingeführt wurde sie aber schon vier Jahre vorher. Übrigens, hier noch ein kleiner Funfact: Wie euch bestimmt schon einmal aufgefallen ist, steckt die Rote Karte immer in der Hinterntasche des Schiedsrichters, während die gelbe in der Brusttasche zu finden ist. Auch das hat einen Grund und der besteht nicht nur daraus, dass der Schiedsrichter so nicht aus Versehen die falsche Karte zieht. Als die ersten Spiele im Fernsehen übertragen wurden, waren die Bildschirme noch schwarz-weiß. Dementsprechend konnten die Zuschauer natürlich nicht sehen, welche Farbe die gezückte Karte hat. Aus diesem Grund hat man ihnen verschiedene Taschen

zugeordnet, damit auch die Zuschauer vor den Bildschirmen sehen konnten, was die Spieler für eine Strafe bekommen. Daher kommt übrigens auch der Begriff der sogenannten „Arschkarte".
Du hast ja bereits erfahren, dass die Abseitsregel im Laufe der Zeit öfter mal geändert wurde. Lustigerweise ist sie wohl auch eine der unbekanntesten Regeln, denn ich kann dir versichern, dass niemand, der kein Fußballfan ist, dir erklären kann, wann ein Spieler im Abseits steht. Andere Regeln, wie zum Beispiel wann ein Tritt als Foul gilt oder in welchen Momenten man von Handspiel spricht, sind da deutlicher. Aber zugegeben, steigt man da vom Zuschauen auch nicht unbedingt durch, sondern muss sich oft noch die entsprechende Regel durchlesen, um zu verstehen, was ein Abseits ist. Was man jedoch schnell bemerkt, wenn man mehrere Spiele schaut, ist, dass diese Regel anscheinend sehr oft in Kraft tritt. Es gibt wohl keinen Spieler, der nicht schon mindestens einmal im Abseits gestanden hat, oder?

Na ja, dieser Abschnitt würde wohl nicht in diesem Kapitel stehen, wenn es nicht doch mindestens eine Person gäbe, bei der das noch nie passiert ist. Der ehemalige französische Fußballspieler und heutige Trainer Zinédine Zidane, der dreimal zum FIFA-Weltfußballer des Jahres ernannt wurde, stand noch nie im Abseits. Oder zumindest wurde er noch nie deswegen zurückgepfiffen. Das bedeutet also, falls er doch einmal die Abseitsregel gebrochen haben sollte, hat es keiner bemerkt und das Spiel ging ganz normal weiter. Ich finde das schon spannend. Man kann sich ja vorstellen, dass man manchmal vor Aufregung den Überblick verliert oder aus Versehen zu weit nach vorne rennt.

Wie du dir vielleicht denken kannst, gibt es nicht nur Regeln, die bestimmen, wie die Spieler sich verhalten müssen. Auch für den Ball gibt es ganz bestimmte Vorschriften. Dabei geht es jedoch nicht darum, wie er sich verhalten muss, das wäre auch zu komisch, sondern eher, wie er aussehen muss. Er muss nämlich – logischerweise – kugelförmig sein, einen Umfang von maximal 70 cm haben, darf nur zwischen 410 und 450 Gramm wiegen, auf keinen Fall mehr oder weniger, und wird mit einem Druck von höchstens 1,1 bar aufgepumpt.

Das Material der Fußbälle ist entweder Leder oder etwas Vergleichbares mit ähnlichen Eigenschaften. Werden diese Vorschriften nicht eingehalten, ist das Spiel offiziell nicht gültig. Zum Kicken unter Freunden darf man also gerne andere Bälle nehmen, aber nicht in Turnieren. Der Grund dafür wird wohl sein, dass auch in diesem Fall jede Mannschaft die gleichen Chancen haben soll. Wenn die Bälle immer anders aussehen würden, hätten die Spieler, die zufällig genau mit einem solchen Ball trainiert haben, bessere Chancen als diejenigen, die zum Trainieren immer größere und schwerere Bälle hatten. Die hätten dann ein ganz anderes Ballgefühl und müssten sich dann erst einmal an das kleinere Spielgerät gewöhnen.

Im Fußball gibt es viele große Ligen mit zehn oder mehr teilnehmenden Mannschaften und jede Menge Spieltagen, an denen die Turniere ausgetragen werden. Die Spiele kann man oft im Fernsehen oder auf speziellen Streaming-Plattformen verfolgen. Anders sieht es da vermutlich bei der kleinsten Liga der Welt aus. Sie wird auf der britischen Insel Scilly Island ausgetragen und besteht aus gerade einmal zwei Mannschaften, die an 16 Spieltagen im Jahr gegeneinander antreten. Ob sich so eine Liga überhaupt lohnt? Aber eigentlich ist das ja auch egal, solange die Teams Spaß haben.

Die Weltmeisterschaften sind da schon deutlich größer. Sie haben nicht nur mehr teilnehmende Mannschaften, sondern erstrecken sich auch über einen deutlich längeren Zeitraum. Übrigens, wusstest du, dass Indien sich für die WM 1950 qualifiziert hatte? Es wäre das erste und bis dato letzte Mal gewesen, dass die indische Nationalmannschaft eine solche Chance bekommen hätte, denn eine weitere Qualifikation fand bisher nicht statt. Jetzt fragst du dich bestimmt, warum ich die Wörter „wäre" und „hätte" verwende, wenn sie sich

doch qualifiziert haben. Der einfache Grund liegt darin, dass sie am Ende doch nicht gespielt haben. Die Fifa hatte den Indern nämlich verboten, barfuß zu spielen, so wie sie es in der Heimat normalerweise gewohnt waren. Daraufhin sagte die Nationalmannschaft ihre Teilnahme ab. Das ist meiner Meinung nach schon verständlich, aber trotzdem auch schade.
Wer weiß, vielleicht hätte es Indiens Mannschaft ja sogar bis ins Finale geschafft. Wenn die letzten beiden verbliebenen Mannschaften um den Sieg spielen, ist die Spannung immer besonders groß. Man möchte natürlich wissen, wer den Titel letztendlich nach Hause bringt, und noch nervenaufreibender ist es natürlich, wenn die Lieblingsnationalmannschaft oder ein Spieler aus dem Lieblingsverein mit dabei ist. Glück haben da alle, die Fans vom FC Bayern sind.

Seit der Fußball-Weltmeisterschaft 1982 ist nämlich kein einziges WM-Finale vergangen, in dem nicht mindestens ein Spieler aus Bayern auf dem Feld stand. Da sieht man mal, wie international der Verein aufgestellt ist, denn das kann nur passieren, weil der FC Bayern München sich die besten Spieler aus aller Welt aufkauft.

Doch nicht nur der FC Bayern macht das, sondern eigentlich alle Mannschaften, die es sich leisten können. Wie am Beispiel der Bayern zu sehen, ist es dabei völlig egal, aus welchem Land der verpflichtete Spieler stammt, Hauptsache, er kann Fußball spielen. Wie du bestimmt schon ahnen konntest, hat der Verein Spieler aus so ziemlich jedem Land, dessen Nationalmannschaft erfolgreich ist, sonst würde er ja nicht in jedem WM-Finale vertreten sein. Ähnlich ist das auch bei Leicester City, doch hier gibt es eine Ausnahme. Dieser Verein hat nämlich in seiner gesamten Laufbahn noch nie einen einzigen Spieler aus Brasilien aufgenommen. Ich finde das sehr interessant, denn eigentlich haben ja auch die Brasilianer so einiges drauf, was den Fußball angeht, und bei einer so langen Geschichte, wie Leicester City sie hat, ist es schon ungewöhnlich, dass so ein Transfer noch nie zustande gekommen ist. Aber was nicht ist, kann ja immer noch werden, ich denke, was das angeht, können wir gespannt sein, was sich noch entwickelt.

Übrigens ist es eigentlich eher ungewöhnlich, als Spieler für mehrere Nationalmannschaften zu spielen. Das hat ja oft etwas mit Herkunft und Staatsangehörigkeit zu tun. Ersteres kann man nicht ändern, denn bei der Herkunft geht es darum, wo man geboren wurde und aufgewachsen ist. Die Staatsangehörigkeit jedoch kann wechseln, wenn man in andere Länder umzieht. Dann ist man natürlich auch berechtigt, in den entsprechenden Nationalmannschaften zu spielen. Unter diesen Umständen konnte es auch dazu kommen, dass Dejan

Stankovic dreimal an der Weltmeisterschaft teilnahm. Okay, das ist jetzt noch nichts Besonderes.

Das Besondere daran ist, dass er für drei unterschiedliche Nationen spielte, nämlich Jugoslawien, Serbien-Montenegro und Serbien. Na gut, ich gebe zu, da habe ich dich jetzt ein wenig übers Ohr gehauen. Wenn du dich ein bisschen mit Geschichte auskennst, wirst du das vielleicht auch schon gemerkt haben. Das wirklich Spannende hierbei ist nämlich, dass Stankovic gar nicht umgezogen ist. Der Grund dafür, dass er für unterschiedliche Nationen spielte, liegt nämlich darin, dass das ehemalige Jugoslawien in einzelne Staaten geteilt wurde. Serbien ist deswegen nur ein sogenannter „Nachfolgestaat", der damals ein Teil von Jugoslawien war.

So, das war genug Geschichte für heute, kommen wir zurück zum Fußball. Wie du bestimmt weißt, kann man in einer Liga oder Meisterschaft sowohl auf- als auch absteigen. Oft ist es ein ständiges Hin und Her und es ist selten, dass eine Mannschaft den Platz an der Spitze über einen längeren Zeitraum für sich behalten kann. Oft gibt es aber eine Tendenz, zum Beispiel gibt es Mannschaften, die in der Vergangenheit öfter auf- als abgestiegen sind und andersherum ist das natürlich auch möglich. Bei dem FC Chelsea sieht das allerdings ein wenig anders aus. Dieser Verein hat nämlich sechsmal die Meisterschaft gewonnen und ist auch genauso oft, auch sechsmal, abgestiegen.

Aber auch auf andere Art und Weise kann sich abschätzen lassen, wie ein Spiel ausgehen wird. Auch hier lohnt sich oft ein Blick auf bereits vergangene Spiele zwischen zwei Mannschaften und die daraus hervorgegangenen Gewinner. Daraus lässt sich eine Siegquote einer Mannschaft ausrechnen, die meist unter 100 % liegt. Die Wahrscheinlichkeit, in einem Spiel gegen ein und dieselbe Mannschaft immer wieder zu gewinnen, ist doch sehr niedrig. Anders sieht das aber bei Dundee United aus. Diese Mannschaft hat nämlich eine hundertprozentige Siegquote gegen den FC Barcelona, den sie bisher in jedem einzelnen Spiel geschlagen hat.

KOMISCHE FAKTEN

An diesem Punkt wird es nun endlich Zeit für die lustigen Fakten. Na gut, vielleicht kann man sich nicht bei allen zu Tode lachen, aber ein kleiner Schmunzler wird wohl bei mindestens einem Fakt möglich sein. Also, dann fangen wir mal an.

Fragen wir uns doch zuerst einmal, ob eine Gefängnisstrafe ein guter Grund dafür ist, nicht an einem Spiel teilzunehmen. Wahrscheinlich wirst du dir jetzt denken „Ja klar ist das ein guter Grund", tja, leider liegst du anscheinend falsch. 2005 wurde Jermaine Pennant, einem Spieler aus dem Birmingham City F.C., nämlich erlaubt, mit einer elektronischen Fußfessel zu spielen. Okay, er hat jetzt auch keinen Mord begangen oder so, sondern ist „nur" (und das ist schon schlimm genug) im betrunkenen Zustand Auto gefahren und kam deswegen ins Gefängnis. Für dieses anscheinend sehr wichtige Fußballspiel bekam er dann jedoch Ausgang, unter der Bedingung, die Fußfessel zu tragen. Somit hätte man ihn schnell wieder finden können, wäre er auf die Idee gekommen, sich aus dem Staub zu machen. Es ist schon interessant zu sehen, wie beliebt Fußball anscheinend ist, oder? Wenn es eine andere Sportart gewesen wäre und der Insasse nicht in einer bekannten Mannschaft wäre, hätte man diese Sonderregelung wohl kaum zugelassen.

Zum Thema Sonderregelungen fällt mir doch glatt noch etwas ein. Du kennst bestimmt das Sprichwort „Wo kein Zeuge, da kein Täter". Das trifft selbstverständlich auch auf den Fußball zu. So kam es, dass bei der Weltmeisterschaft im Jahre 1986 ein Tor, das durch Handspiel erzielt wurde, als gültig anerkannt wurde. Dieses Tor wurde von dem argentinischen Spieler Diego Maradona im Viertelfinale der Meisterschaft erzielt. Anerkannt wurde es nur, weil der Schiedsrichter schlicht und einfach nicht gesehen hat, dass es sich um

Handspiel handelte. Tja, auch wenn der Videobeweis, den es jetzt seit einigen Jahren gibt, oft verpönt wird, in solchen Situationen wäre er dann doch sinnvoll. Und auch allgemein kann man, denke ich, sagen, dass dieses kleine digitale Hilfsmittel den Mannschaften genauso wie dem Schiedsrichter einige Diskussionen erspart und zu gerechteren Entscheidungen verhelfen kann.

Jeder Spieler trägt auf dem Rücken eine Nummer und seinen Nachnamen. Das erleichtert Kommentatoren nicht nur die Ansage des Spielverlaufes, sondern kann auch Trainern, Mitspielern und Zuschauern zur Orientierung dienen. In Südamerika hat man jedoch ein kleines Problem mit dem Druck der Trikots. Viele Südamerikaner tragen nämlich nicht nur einen Nachnamen, also entweder den der Mutter oder des Vaters, sondern den von beiden Elternteilen. Sie haben also zwei Nachnamen, was natürlich auch eine gewisse Namenslänge mit sich bringt. Genau deswegen ist es nicht ungewöhnlich, dass ein Spieler aus Südamerika auf seinem Rücken seinen Spitznamen stehen hat, da der Nachname zu lang gewesen wäre. Ob sie sich ihre Spitznamen wohl selber aussuchen dürfen?

Den Spitznamen einer Person findet man ja schließlich nicht auf einer Geburtsurkunde, denn da stehen nur die richtigen Namen. Was man auf dem Dokument auch sehen kann, ist der Geburtsort der Person. Oft stehen da irgendwelche langweiligen Ortsnamen im Zusammenhang mit dem Namen des Krankenhauses, in dem man zum ersten Mal dieses grelle Licht der Welt erblickt hat. Es kommt nur selten vor, dass es nicht möglich ist, den genauen Geburtsort anzugeben. So war es aber bei dem ehemaligen französischen Nationalspieler Rio Mavuba. Er wurde nämlich auf einem Boot geboren, das gerade auf Gewässern unterwegs war, die sich keinem Land zuordnen lassen. Aus diesem Grund steht auf seiner Geburtsurkunde als Geburtsort „auf hoher See". Das nenne ich mal eine Besonderheit, mit der man vor Freunden angeben kann. Andererseits frage ich mich auch, ob das so von der Mutter geplant war und ganz ohne Komplikation ablief. Das ist wahrscheinlich eher nicht der Fall.

Kommen wir jetzt aber mal zu einem ganz lustigen Zufall. Du kennst doch bestimmt Lionel Messi und Cristiano Ronaldo, oder? Also alles andere würde mich auch wundern, um ehrlich zu sein. Gut, also du kennst die beiden vermutlich, aber weißt du auch, dass Ronaldo genau 869 Tage älter ist als Messi? Aber das ist noch nicht alles, denn genau dasselbe gilt für ihre beiden Söhne. Der Sohn von Ronaldo ist ebenfalls genau 869 Tage älter als Messis Sohn. Ob man sich da wohl abgesprochen hat? Aber vielleicht war es auch einfach ein Wink des Schicksals und die beiden Söhne stehen auch schon bald gemeinsam auf dem Spielfeld, egal, ob in derselben Mannschaft oder als Gegner.

Wer sagt, Fußballer hätten einen entspannten Job, der weiß nicht, wie stressig es manchmal sein kann, gerade als sehr gefragter Profi. Oft wechselt man im Laufe der Zeit die Mannschaft. Bei so einem Transfer gehen immer riesige Summen über den Tisch, aber das weißt du bestimmt schon und das ist auch nicht das Thema hier. Eigentlich ist es ungewöhnlich, dass ein Spieler gleich an einem Tag für zwei unterschiedliche Mannschaften spielen muss, doch das ist der Nachteil daran, einer Mannschaft anzugehören, die aus einem anderen Land kommt. Das musste auch der Fußballer Mark Hughes am eigenen Leib miterleben, der am 11. November 1987 gleich zwei Spiele auf einmal absolvieren musste. Erst hatte er ein Qualifikationsspiel für die EM zusammen mit der Mannschaft von Wales gegen die Tschechoslowakei und danach schlüpfte er noch in das Trikot der Bayern, um gegen Borussia Mönchengladbach zu spielen. Das muss wohl ein stressiger Tag für ihn gewesen sein und auch sein Körper wird danach wohl erst mal gestreikt haben, oder was meinst du?

Verletzungen sind nie etwas Tolles. Manchmal entstehen sie aber aus so dummen Gründen, dass man trotzdem darüber lachen kann.

So zum Beispiel im Fall von Thierry Henry. Der Spieler schoss im Jahr 2000 bei einem Turnier ein Tor und jubelte dementsprechend natürlich auch. Blöderweise stellte er sich dabei nicht ganz so geschickt an, denn vor Freude lief er gegen eine Eckfahne, die ihm daraufhin ins Gesicht schlug. Vielleicht war die Fahne ja für das gegnerische Team und wollte den Spieler für das Tor bestrafen? Wir werden es wohl nie erfahren. Aber Spaß beiseite, denn leider war der Schlag der Fahne so stark, dass Thierry Henry vom Teamarzt behandelt werden musste. Das war bestimmt nicht nur sehr schmerzhaft, sondern auch peinlich, schließlich gab es ja jede Menge Zuschauer, die das Ganze live mitverfolgen konnten. Danach wird er sich wohl nie wieder so ausgiebig über ein Tor gefreut haben, wenn eine Eckfahne in der Nähe war.

Aber auch Paolo Diogo stellte sich beim Jubeln einmal nicht ganz so schlau an. Das Blöde dabei ist nur, dass es ihn sogar noch schlimmer getroffen hat. Der Fußballer wollte nicht alleine jubeln, sondern bezog seine Fans mit ein. Er lief zur Tribüne und ließ sich da einmal so richtig abfeiern. Dabei blieb er nur leider mit seinem Ehering an der Tribüne hängen. Das Ende vom Lied: Er hat seinen halben Ringfinger verloren, der auch nie wieder angenäht werden konnte. Das war aber auch nicht alles. Am Ende erhielt der Spieler sogar noch eine

Gelbe Karte wegen „zu ausgiebigen Jubelns". An diesem Tag hat er also so richtig die A-Karte gezogen. Aber immerhin wird es ihm eine Lehre gewesen sein, die er bis zu seinem Lebensende nicht vergessen wird. Sein halb fehlender Finger wird ihn wohl auch ewig daran erinnern.

Und hiermit schließen wir das Faktenkapitel auch schon wieder ab. Ich hoffe, du hast so einiges gelernt und findest auch an den folgenden Kapiteln noch gefallen, denn ich kann dir garantieren: Es wird noch besser.

Aberglaube und Rituale im Fußball

Aberglaube ist auf unserer Welt weitverbreitet. Dabei ist es auch völlig egal, auf welchen Bereich des Lebens man schaut. Ob im Alltag, Beruf, Hobby oder der Liebe, viele Menschen haben ganz unterschiedliche Vorstellungen davon, wie etwas laufen muss. Oft haben sie ganz bestimmte Rituale, zum Beispiel gibt es Leute, die jeden Morgen erst eine Tasse Kaffee trinken, bevor sie sich fit fühlen. Ob das nun wirklich wirkt oder einfach nur purer Aberglaube ist, weiß man manchmal nicht. Teilweise kann man schon von einem Placeboeffekt sprechen. Oft redet man sich also auch nur ein, dass man etwas tun muss, um eine bestimmte Wirkung zu erzielen.

Letztendlich ist das aber auch nichts Schlimmes, denn Aberglaube und dazugehörige Rituale geben uns oft auch Sicherheit. Wenn wir uns danach besser fühlen, warum sollten wir es dann nicht tun, selbst, wenn es rein logisch oder wissenschaftlich betrachtet keine wirkliche Wirkung erzielen kann?

Auch im Fußball gibt es jede Menge Aberglaube. Viele Fußballspieler haben bestimmte Rituale, die ihnen nicht nur Glück bringen, sondern sie auch in einen leistungsfähigen Zustand versetzen sollen. Wenn sie dieses bestimmte Ritual nämlich ausführen, signalisieren sie ihrem Körper und Geist, dass jetzt höchste Anspannung und Konzentration notwendig ist, weil das Spiel gleich beginnt.

Doch nicht nur die Spieler, sondern auch viele Trainer haben Rituale, die der Mannschaft zum Sieg verhelfen sollen. Was für Rituale das sind, werden wir nun gemeinsam herausfinden. Einige davon sind wirklich kurios. Warum das so ist, wirst du gleich erfahren.

An dieser Stelle möchte ich darauf hinweisen, dass du im Folgenden nur Rituale genannt bekommen wirst, die von den Männermannschaften ausgeführt werden. Das liegt daran, dass über die Rituale der Frauen leider noch gar nichts bekannt ist. Letztendlich ist der Männerfußball ja trotz allem meistens noch beliebter als die Version mit den Frauen. Wenn sich das ändert, wird man über Letztere wohl auch mehr Hintergrundinformationen bekommen.

RITUALE DER TRAINER

Fangen wir zuerst einmal mit den Trainern an. Für sie ist es unwichtig, ob ihr Körper in einem leistungsfähigen Zustand ist oder nicht. Schließlich müssen sie ja nicht selber auf dem Feld stehen, sondern einfach nur mitdenken und ihre Spieler anfeuern. Aus diesem Grund haben viele ihrer Rituale nur etwas mit der Hoffnung auf Glück für ihre Mannschaft zu tun.

Fangen wir zum Beispiel einmal bei Gyula Lorant, dem ehemaligen Trainer von Eintracht Frankfurt, an. Der hat es sich nämlich in der Saison 1976/1977 zur Pflicht gemacht, vor jedem einzelnen Spiel Kaffee zu trinken und dazu Marmorkuchen zu essen. Warum er sich ausgerechnet ein so einfaches Ritual ausgesucht hat, ist unklar, doch es scheint gewirkt zu haben. Die Mannschaft gewann in dieser Saison nämlich jedes Spiel.

Mindestens genauso entspannt ist auch der Trainer Carlo Ancelotti. Der hat nämlich sein ganz spezielles Ritual vor jedem Spiel: Er geht schlafen. Na ja, man muss es ja auch so sehen, auch für ihn sind die Spiele anstrengend, denn er muss ja die ganze Zeit zugucken und ist bestimmt mindestens genauso angespannt wie die Spieler, die gerade auf dem Feld stehen. Übrigens beträgt die Dauer dieses kurzen Schlafes immer genau 100 Minuten.

Wo wir gerade schon einmal bei Eintracht Frankfurt und seinen Trainern sind, können wir auch gleich dabei bleiben. Denn auch der Trainer Horst Ehrmantraut hatte ein kurioses Ritual. Sein Assistent Bernhard

Lippert durfte vor keinem einzigen Spiel die Umkleide der Mannschaft betreten. Der Grund dafür soll gewesen sein, dass er negative Energien ausstrahle, die die Spieler beeinflussen und zu einer Niederlage führen könnten. Ein Trainer-Assistent, der nicht in die Umkleide darf, das nenne ich mal mehr als kurios. Aber das war ja doch schon gütig, er hätte ja auch komplett aus der Nähe der Spieler verbannt werden können, so durfte er sie immerhin nach den Spielen und beim Training sehen.

Lasst uns als Nächstes einmal die Rituale bei den Weltmeisterschaften betrachten. Genauer gesagt schauen wir auf das Jahr 2010, das anscheinend so einige kuriose Rituale mit sich brachte. So zum Beispiel beim Trainer der deutschen Nationalmannschaft – Joachim Löw. Egal an welchem Tag und gegen wen Deutschland gerade spielte, der Nationaltrainer trug immer denselben blauen Pullover. Vermutlich war das sein Glückspulli, der der Mannschaft zum Weltmeistertitel verhelfen sollte, doch leider blieb dieses Ritual ohne Erfolg. Erst in der darauffolgenden WM 2014 gelang es den Spielern, den Titel nach Hause zu holen. Trotzdem fiel den Zuschauern natürlich auf, was Löw da für Kleidung trägt. Dieser blaue Pullover, wie der Trainer ihn trug, war nach der Weltmeisterschaft in Deutschland restlos ausverkauft. Somit hat wenigstens eine Partei von dem Ritual des Trainers profitiert, nämlich die Verkäufer des

Pullovers und die werden ihm dafür wohl sehr dankbar gewesen sein.

Ebenso wenig konnte das Ritual des französischen Nationaltrainers der Mannschaft zum Sieg verhelfen. Obwohl man hier schon wirklich eher von Aberglauben statt von einem Ritual sprechen kann. Für Raymond Domenech war es nämlich selbstverständlich, die Mannschaft nach den Sternzeichen der Spieler zusammenzustellen. Für die Weltmeisterschaft 2010 kamen also nur Spieler in den Kader, die einem Sternzeichen angehörten, dem als typische Eigenschaften Leistungsfähigkeit und gutes Teamwork zugeschrieben wurden. Hätte er sich mal lieber auf das Können der Spieler statt auf ihre Sternzeichen verlassen, wären sie vielleicht deutlich weiter gekommen, aber so ist es nun mal mit Aberglauben, manchmal gibt es keine rationale, also logische, Erklärung dafür. Aber solange sich die jeweiligen Personen damit gut fühlen und zufrieden sind, ist da ja trotzdem nichts Schlechtes bei.

Letztendlich kann man ja auch nie sagen, ob es wirklich die Rituale waren, die einer Mannschaft zum Sieg verholfen oder eine Niederlage beschert haben. Trotzdem ist es ja nicht schlecht, wenn es den betroffenen Personen ein Gefühl von Sicherheit gibt. Schließlich ist es ja besser, gelassen an eine Situation heranzugehen, statt sich schon vorher von Sorgen und Zweifeln verschlingen zu lassen, gerade für die Trainer, die stets einen kühlen Kopf bewahren müssen.

RITUALE DER SPIELER

Im Vordergrund eines Spiels stehen immer die Spieler, die Höchstleistungen erbringen, um möglichst zu gewinnen. Natürlich klappt das nicht immer, denn jede Mannschaft, egal, wie gut sie ist, muss die eine oder andere Niederlage einstecken können. Das ist ja auch vollkommen in Ordnung, manchmal haben die Spieler einfach einen schlechten Tag, Pech oder die gegnerische Mannschaft ist einfach deutlich besser. Um dem entgegenzuwirken, entwickeln viele Spieler ganz eigene Rituale, die manchmal noch kurioser sind als die Rituale der Trainer. Das schauen wir uns jetzt selbstverständlich einmal genauer an.

Da wir bei den Trainern gerade so schön bei den Weltmeisterschaften waren, machen wir auch genau da weiter. Allerdings bleiben wir nicht im Jahr 2010, sondern blicken zurück auf das WM-Jahr 1998. In diesem Jahr nahm sich der französische Nationalspieler Laurent Blanc ein ganz besonderes Ritual vor. Vor jedem Spiel küsste er die Glatze des französischen Torhüters und versprach sich davon Glück. Tatsächlich ist Frankreich in genau diesem Jahr auch Weltmeister geworden. Vielleicht müssen wir uns in Zukunft alle eine Glatze zum Knutschen suchen, wenn das wirklich so ein Glück bringt.

Mindestens genauso spannend ist ein Ritual des argentinischen Torhüters Sergio H'Goycochea, der vor jedem Strafstoß auf das Spielfeld urinierte. Bewirken sollte das wohl, dass der Ball nicht in das Tor geht. Wie man sich aber vorstellen kann, hat das nicht wirklich etwas gebracht. Ein weiterer Nachteil ist dann auch noch, dass das schon ziemlich eklig und unhygienisch ist. Stellt euch mal vor, der Ball rollt durch diese frische Pfütze und wird danach von einigen Spielern, dem Schiedsrichter oder anderen in die Hand genommen. Das ist echt keine schöne Vorstellung.

Hygiene ist für Fußballer besonders wichtig, gerade, weil sie ja unbedingt gesund bleiben müssen. Genau deswegen ist es auch wichtig, dass sie einen gesunden Lebensstil haben. Dem dänischen Profispieler Preben Elkjaer Larsen war das egal, denn trotz seiner Karriere wollte er nicht auf alte Gewohnheiten verzichten. So kam es dazu, dass man ihn in jeder Halbzeitpause rauchend vorfinden konnte. Wie er trotzdem die komplette Spielzeit durchhalten konnte, ist ein Rätsel. Vermutlich hatte das Rauchen aber eine beruhigende Wirkung auf ihn, was ihn dann entspannt und gut vorbereitet in die zweite Spielhälfte gebracht hat. Dass er dafür allerdings keine anderen Wege gefunden hat, ist schon schade, denn wie wir alle wissen, ist Rauchen auf Dauer sehr ungesund.

Ein weiteres besonders spannendes Ritual hat der südamerikanische Fußballspieler Jorginho. Bei der Weltmeisterschaft 1994 überreichte er den gegnerischen Mannschaften vor jedem Spiel eine Bibel. Tatsächlich gewann er als Teil der brasilianischen Nationalmannschaft in diesem Jahr den Titel. Auch abgesehen von der Meisterschaft konnte er viele Erfolge verzeichnen. Ob das wohl durch Hilfe von oben möglich gemacht wurde? Wir werden es wohl nie erfahren.

Auch Ronaldo beginnt jedes Turnier immer auf die gleiche Art und Weise. Doch statt den Gegnern irgendetwas zu überreichen, achtet er ganz genau darauf, mit welchem Fuß er das Spielfeld betritt. Der erste Fuß, der den heiligen Rasen berührt, muss nämlich immer der rechte sein, alles andere ist ein schlechtes Omen. Auch dieses Ritual scheint von großer Wirkung zu sein, schließlich ist Ronaldo fünfmaliger Weltfußballer und weltweit bekannt, selbst unter denen, die sich nicht so sehr für Fußball interessieren. Davon abgesehen musste vor jedem Spiel übrigens auch die Frisur gemacht werden, denn ohne frisch gemachte Frisur betrat Ronaldo nie das Spielfeld.

Eine ähnliche Angewohnheit hat auch der englische Stürmer Gary Lineker. Dieser Spieler schießt bei der Aufwärmung nie auf das Tor. Laut eigener Aussage möchte er nämlich keine Treffer verschwenden. Er geht nämlich davon aus, dass er weniger Tore im eigentlichen Spiel trifft, je mehr Treffer er bei der Aufwärmung erzielt. Davon abgesehen hat der Spieler sein Trikot gewechselt, falls er in der ersten Hälfte noch kein Tor erzielt haben sollte. In einem solchen Fall geht Lineker nämlich davon aus, dass das andere Trikot ihm bessere Dienste leistet.

Auch der englische Ex-Nationalspieler John Terry hatte zwei Rituale, um bestenfalls doppelt Glück zu erlangen. Das fing schon auf der Reise zum Ort des Turniers an. Im Mannschaftsbus musste Terry nämlich immer auf demselben Platz sitzen. Darauf bestand er ganz fest und es gab keine Diskussionen. Außerdem wollte der Fußballer vor den Spielen nie den Ball berühren. Teilweise soll er sogar weggerannt sein, wenn eines dieser Spielgeräte auf ihn zurollte. Bei so einem Ritual werden die Mitspieler sich wohl den einen oder anderen Scherz erlaubt haben, denkst du nicht auch?

Zum Schluss kommen wir zu unseren deutschen Spielern. Beispielsweise zu Gerd Müller, einem der bekanntesten ehemaligen deutschen Nationalspieler. In einem Interview gab er an, dass er bei jedem Spiel viel zu große Schuhe trug. Anstatt der Schuhgröße 38, die er normalerweise brauchen würde, nahm er immer Schuhe mit der Größe 41. Was für andere ein riesiges Hindernis darstellt, ist für Müller besonders wichtig. Laut eigener Aussage konnte er sich in den größeren Schuhen nämlich viel besser drehen und somit schneller auf Richtungswechsel des Balles reagieren.

Auch Bastian Schweinsteiger ist sehr bekannt und hat ein Ritual, das mit seinen Schuhen zu tun hat. Vor jedem Spiel feuchtete er seine Schuhe und Socken ein wenig an, angeblich für ein besseres Ballgefühl. Ob das wohl wirklich der Grund für den Weltmeistertitel sowie die anderen gewonnenen Meisterschaften war?

Es ist schon spannend zu sehen, was für unterschiedliche Rituale es gibt. Einige haben einen nachvollziehbaren Grund, zum Beispiel das Überreichen der Bibel, wenn man sehr gläubig ist, und andere scheinen eher willkürlich zu sein. Aber auch hier gilt natürlich, dass alles in Ordnung ist, solange niemand dabei verletzt wird und die Person, die das Ritual ausführt, sich dadurch besser fühlt.

Die besten und lustigsten Fußballzitate

Du kennst das ganze Prozedere ja, wenn du regelmäßig Fußballspiele im Fernsehen anschaust. Nach jedem Spiel stürmt die Presse auf die Spieler und Trainer zu und stellt die unterschiedlichsten Fragen. Manchmal geschieht das aber auch schon vor dem Spiel oder während der Halbzeit, was jedoch eher selten ist.

Es kann schon mal vorkommen, dass die Befragten während des Interviews ein wenig durcheinander sind. Sei es, weil sie noch unter Anspannung und Adrenalin stehen, mit dem Kopf noch beim Spiel sind oder gerade ganz andere Sorgen haben. Trotzdem möchten sie natürlich schnellstmöglich Antworten geben, damit sie dann auch bald Feierabend machen können. Dadurch passiert es manchmal, dass lustige Fußballzitate entstehen, an die man sich auch Jahre später noch erinnert. Aber nicht nur das kann die Zitate lustig machen. Es ist auch schon vorgekommen, dass einige Zitate ohne Zusammenhang im Internet landen. Wenn man nicht versteht, worum es geht, sind einige Aussagen noch viel lustiger. Ein gutes Beispiel dafür ist das Zitat „Eier, wir brauchen Eier!" von Oliver Kahn. Einige der besten Zitate wollen wir uns jetzt einmal genauer ansehen.

SELBSTIRONIE VOM FEINSTEN

Am besten ist es doch immer, wenn man auch mal über sich selbst lachen kann. Auch viele Fußballer bringen gerne mal den einen oder anderen Spruch, mit dem sie sich selber aufs Korn nehmen.

„Ich hätte nie gedacht, dass es Menschen gibt, die von mir Autogramme wollen." Mit diesem Spruch macht sich die ehemalige Fußballspielerin Steffi Jones nicht nur über sich selbst lustig, sondern äußert indirekt auch noch gleich Kritik über den Umgang mit dem Frauenfußball. Es ist ja kein Geheimnis, dass die Männer noch immer deutlich mehr Aufmerksamkeit bekommen als die Frauen. Das hat Jones mit diesem Satz auch noch einmal deutlich gemacht. Im Gegensatz dazu kann sich ein Manuel Neuer oder ein Thomas Müller wahrscheinlich gar nicht retten vor Fragen nach Autogrammen und gemeinsamen Fotos.

„Jetzt hat der Lionel mehr Tore als ich bei Weltmeisterschaften. Wie hat er das nur gemacht?" Diese Frage stellte sich Arne Friedrich auf Twitter, nachdem Lionel Messi bei der WM 2014 sein zweites Tor erzielt hatte. Was daran jetzt ein lustiges Zitat ist?

Nun ja, wer Arne Friedrich kennt, weiß, dass er immer entweder als Innen- oder als Rechtsverteidiger eingesetzt wurde. In einer solchen Position schießt man natürlich nur selten ein Tor, während seiner Zeit in der deutschen Nationalmannschaft schoss er über den Verlauf von 82 Spielen nämlich genau nur ein einziges Tor. Selbst das ist für seine Position schon viel, da kann er also stolz auf sich sein.

„Fußball ist ein einfaches Spiel: 22 Männer jagen 90 Minuten lang einem Ball nach und am Ende gewinnen immer die Deutschen." Diese Feststellung machte Gary Lineker, nachdem seine Mannschaft im WM-Halbfinale 1990 gegen Deutschland verloren hatte. Na ja, sagen wir es mal so, das Grundprinzip vom Fußball hat er ja ganz gut zusammengefasst, nur dass die Deutschen wirklich immer gewinnen, bezweifle ich ja doch stark. Tatsächlich war das in gerade dieser WM allerdings doch der Fall und der Weltmeistertitel wurde zum dritten Mal nach Deutschland geholt. Schön ist bei diesem Zitat aber auch, wie Lineker beinahe schon zugibt, dass er die Chancen seines Teams von Anfang an nicht gerade als hoch gesehen hat und sich deswegen am Ende über die Niederlage lustig machen konnte.

„Was ich meiner Sturmkollegin Birgit Prinz mit auf den Wege gebe? Es ist wohl eher so, dass die Birgit mir Tipps geben kann." Dieses Zitat finde ich besonders schön, denn hier macht sich Mario Gomez nicht nur über sein eigenes Können lustig. Nein, er macht auch noch deutlich, dass der Frauenfußball nicht schlechter ist als der Männerfußball. Nur, weil die Frauen nicht so beliebt sind wie die Männer, heißt es noch lange nicht, dass sie auch schlechter spielen und sich Tipps von den männlichen Kollegen holen müssen. Ganz im Gegenteil, durch die Aussage „Es ist wohl eher so, dass die Birgit mir Tipps geben kann." deutet Gomez auch an, dass die Frauen ja vielleicht sogar besser sind als die Männer, man das aber nicht wissen kann, wenn man nicht beide Geschlechter bei ihren Spielen verfolgt.

„Ich habe schon eine Lederhose, aber die hat mir nicht der FC Bayern geschenkt." Mit diesem Spruch kommentierte Manuel Neuer seinen Wechsel zum FC Bayern München. So hat er es natürlich geschafft, mal wieder ordentlich das Klischee der süddeutsche Tradition zu bedienen und das sehr wahrscheinlich ganz bewusst.

„SCHLAUE" FESTSTELLUNGEN

Manchmal möchten Spieler oder auch Trainer Feststellungen, die sie gemacht haben, mit ihren Interviewern und der Welt teilen. Doch nicht immer schaffen sie es, diese Sachen so schlau nach außen zu bringen, wie sie es bestimmt gerne tun würden. Auch daran wird wohl die Aufregung schuld sein. Aber wie auch immer, lasst uns nicht lange um den heißen Brei herumreden, sondern gleich mit dem ersten Zitat loslegen:

„Am Spielstand wird sich nicht mehr viel ändern, es sei denn, es schießt einer ein Tor." Da hat Franz Beckenbauer das Prinzip des Fußballs ja ganz gut verstanden. Ich meine, er hat ja recht, solange kein Tor geschossen wird, ändert sich auch nichts mehr am Spielstand. Aber wie bereits erwähnt, kann man es den Leuten ja nicht zum Vorwurf machen, dass sie ein wenig durcheinander sind bei so einem Interview. Vielleicht ist dieses Zitat aber auch ein gutes Beispiel dafür, wie komisch etwas klingen kann, wenn es aus dem Zusammenhang gerissen wird. Leider findet man bei der Recherche keine Informationen dazu, in welchem Zusammenhang dieses Zitat nun wirklich fiel, aber man kann vermuten, dass es darum ging, ob ein Tor vielleicht ungültig gewesen ist und deswegen doch nicht zählen könnte. Auf eine solche Frage könnte Beckenbauer mit genau dieser Aussage reagiert haben, um deutlich zu machen, dass der Schiedsrichter seine bisherigen Entscheidungen nicht mehr zurücknehmen und somit den Spielstand ändern wird.

„Fußball ist wie eine Frikadelle – man weiß nie, was drin ist." Nun gut, lieber Martin Driller, heutzutage sollte man doch wissen, was man zu sich nimmt. Zumindest, wenn man etwas zum Essen kauft, hat man meistens eine Zutatenliste, die das ganz genau anzeigt. Deswegen funktioniert ja auch das berühmte Zitat „Das Leben ist wie eine Schachtel Pralinen, man weiß nie, was drin ist." nur noch bedingt. Aber okay, es gibt ja doch hin und wieder mal den einen oder anderen Lebensmittelskandal. Wer ein bisschen älter ist, wird sich zum Beispiel noch ganz gut an den Skandal mit der Pferdelasagne erinnern, die laut Zutatenliste eigentlich kein Pferdefleisch, sondern ganz anderes Fleisch enthalten sollte. Es kann ja gut sein, dass es eine Anspielung auf genau solche Skandale sein soll. Vielleicht spricht Driller ja aber auch von selbst gemachten Frikadellen, die er als Kind serviert bekommen hat. Wenn es so ist, steckt vielleicht sogar ein kleines Trauma dahinter, wer weiß. In Bezug auf den Fußball hat er allerdings schon recht. Vor einem Spiel kann man zwar Prognosen aufstellen, welche Mannschaft wohl gewinnen wird, aber zu 100 % voraussagen kann man es nie. Dementsprechend ist dieses Zitat wohl gleichzeitig passend und unpassend.

„Schwach wie eine Flasche leer." Der ehemalige italienische Fußballspieler und -trainer (unter anderem für den FC Bayern München) Giovanni Trapattoni wollte sich mit diesen Worten über eine Niederlage beziehungsweise schwache Leistung seiner Spieler beschweren. Tatsächlich ist dieses Zitat wohl eines der bekanntesten aus dem Fußball. Was genau Trapattoni damit aber nun ausdrücken wollte, werden wir wohl nie erfahren. Das kann man ihm ja aber auch nicht verübeln, schließlich hat er damals nur sehr gebrochenes Deutsch gesprochen. Aber diesen Satz kann man sich mal merken, damit kann man Leute, die sich nicht mit Fußball auskennen, ganz schön verwirren, das ist bestimmt lustig.

„Wir dürfen jetzt nur nicht den Sand in den Kopf stecken." Da gebe ich Lothar Matthäus schon recht, das ist bestimmt nicht gesund und kribbeln tut es bestimmt auch, wenn man so Sandkörner im Kopf hat. Man kann wohl davon ausgehen, dass eher gemeint war, dass sie den Kopf nicht in den Sand stecken dürfen. Solche lustigen Verdreher passieren öfter mal, nicht nur bei den Fußballern. Es ist total witzig, sich solche Zitate durchzulesen.

„Jeder Mensch wird als Fußballer geboren. Jeder, der die Bewegungen eines ungeborenen Kindes im Mutterbauch gesehen hat, kennt den instinktiven Kick des Fötus." Was Sepp Blatter damit sagen will, ist deutlich genug: Jeder kann Fußball spielen, wenn er nur möchte. Und auch, wenn ich bezweifle, dass ein Fötus tritt, weil er Fußball spielen möchte, finde ich dieses Zitat sehr motivierend. Es zeigt, dass Fußball ein Gemeinschaftssport ist, in dem jeder willkommen ist. Dabei ist es vollkommen egal, wie die Person aussieht und von wo sie kommt, Hauptsache, sie hat Spaß.

„Liebe und Fußball – beides geht aufs Herz." Zugegeben, dieses Zitat ist nicht lustig, sondern eher süß, aber ich wollte es unbedingt einbringen. Hiermit zeigt Reinhold Beckmann nämlich ein Gefühl, das wohl alle Leser dieses Buches miteinander verbindet: die Liebe zum Fußball. Dieser Sport ist nicht nur ein einfaches Hobby, es ist eine Leidenschaft, die uns nicht nur Bewegung bringt, sondern auch Gesellschaft. Wer Fußball mag, ist nicht alleine, denn es gibt viele, die diese Passion teilen, man muss nur wissen, wo man danach suchen muss.

LUKAS PODOLSKI

Das Spannende an der ganzen Sache mit den lustigen Zitaten ist, dass es Spieler gibt, die häufiger mal in solche „Zitat-Fallen" tappen, und dann gibt es noch Lukas Podolski, der gefühlt der Grund für jedes zweite lustige Zitat ist. Aus diesem Grund bekommt er hier am Ende dieses Kapitels einen eigenen Abschnitt, in dem einige seiner lustigsten Sprüche aufgelistet werden.

„Fußball ist wie Schach, nur ohne Würfel." Dieses erste Zitat zeigt schon, in welche Richtung diese Kategorie gehen wird. Auf den ersten Blick merkt man vielleicht nicht, was da nicht stimmt, aber je genauer man darüber nachdenkt, desto lustiger wird es. Das fängt schon damit an, dass ein Sport mit einem Spiel verglichen wird, das grundsätzlich zur Entwicklung von Kriegsstrategien entwickelt wurde und bei dem es darum geht, möglichst viele Figuren des Gegners rauszuwerfen. Gut, Strategie ist auch ein Teil des Fußballs, aber ein bisschen hinkt der Vergleich dann doch. Das Nächste ist dann die Erwähnung von Würfeln. Wer sich ein bisschen mit Schach auskennt oder zumindest schon einmal ein Schachbrett gesehen hat, weiß nämlich, dass man dafür gar keine Würfel braucht. Das macht es dann noch lustiger und sorgt dafür, dass man sich direkt auf das nächste Zitat freut, oder nicht?

„Das darf keine Rolle spielen, ob da 50, 55 oder 70 Grad herrschen auf dem Platz." Dieser Satz kam von Podolski als Antwort auf die Frage, ob die Hitze in Brasilien bei der Weltmeisterschaft 2014 den deutschen Spielern, die solche Temperaturen nicht gewohnt sind, nichts ausmache. Einerseits hat er da natürlich recht, für die Profispieler müssen die Außentemperaturen tatsächlich egal sein, auch wenn sie natürlich trotzdem auf sich achten müssen. Allerdings übertreibt er da geringfügig, denn solche Temperaturen, wie er sie nennt, herrschen dann zum Glück doch noch nirgendwo, auch wenn die 50 schon einmal fast erreicht wurden, das allerdings erst vor Kurzem. Man könnte aber doch davon ausgehen, dass bei solchen extremen Temperaturen die Veranstalter ein wenig Gnade walten lassen und das Spiel auf einen kälteren Tag verschieben würden. Obwohl, so genau wissen kann man das ja nie. Aber solange die Spieler sich wohl genug fühlen und regelmäßig trinken, sollte das ja auch alles kein Problem sein, denke ich.

„Ich denke nicht vor dem Tor, das mache ich nie." So ganz ohne Zusammenhang ist dieses Zitat besonders witzig. Je nachdem, wie man es versteht, kann man auch davon ausgehen, dass Podolski damit aussagen wollte, dass er nie über irgendetwas nachdenkt. Wahrscheinlicher ist aber doch, dass er nur meinte, dass er nie vor einem Tor denkt. Das kann man sich ja auch ganz gut vorstellen, denn gerade, wenn man kurz vor einem Torschuss steht, schalten die Gedanken automatisch ab, zumindest kann ich mir das vorstellen. Man ist dann so sehr unter Adrenalin, dass man einfach nur noch nach Instinkt handelt und nicht noch irgendwelche Strategien entwickelt.

„Wir müssen jetzt die Köpfe hochkrempeln – und die Ärmel natürlich auch." Dieses Zitat zeigt noch einmal besonders gut, wie sehr die Spieler unter Stress stehen können. Auch wenn es wahrscheinlich eher so unbedacht dahingesagt wurde, frage ich mich schon, wie es aussieht, wenn man den Kopf hochkrempelt. Vielleicht kann man das jetzt aber auch im übertragenen Sinne sehen und „Die Köpfe hochkrempeln" wird unser neues Sprichwort für „Sich konzentrieren". Es wäre doch lustig, wenn durch so einen Zufall eine komplett neue Redewendung entsteht.

„So ist Fußball. Manchmal gewinnt der Bessere." Das klingt ja fast so, als wäre es purer Zufall, wer ein Spiel gewinnen würde und wer nicht. Ich persönlich gehe jedoch eher davon aus, dass immer der Bessere gewinnt. „Besser" muss ja nicht unbedingt heißen, dass die Spieler die Stärkeren sind, es kann auch einfach nur eine gute Strategie dahinterstecken. Am besten ist es aber natürlich, wenn es ein gutes Zusammenspiel zwischen starken Spielern und einer guten Strategie gibt, dann ist der Sieg nämlich schon so gut wie sicher. Obwohl natürlich auch immer mal etwas dazwischenkommen kann, zum Beispiel, wenn es einem Spieler nicht so gut geht oder das Wetter nicht mitspielt. Dagegen ist wohl auch die beste Mannschaft der Welt nicht gewappnet.

Schlusswort

Und schon sind wir am Ende dieses Buches angekommen. Es ist unglaublich, wie schnell die Zeit vergeht, wenn man Spaß an etwas hat, nicht wahr? So ist es ja auch beim Fußball, so ein Training oder Spiel geht nämlich normalerweise sehr schnell vorbei und ist nur selten langwierig.

Lass uns noch einmal gemeinsam einen Blick auf die Informationen werfen, die du in diesem Buch erhalten hast. Es war nämlich sehr viel Lustiges und Interessantes dabei, da lohnt sich so ein Rückblick doch. Für einen Fußballer ist es ja schließlich auch immer wichtig, das Spiel Revue passieren zu lassen und zu sehen, was man daraus mitgenommen hat. Denn egal, ob man mit einem Sieg oder einer Niederlage nach Hause geht, es gibt immer etwas, das man noch verbessern kann, um im nächsten Spiel noch mehr zu glänzen. Na gut, dieses Buch hat dich jetzt nicht gerade auf ein Turnier vorbereitet, aber es ist ja trotzdem schön, sich noch einmal an die Informationen zu erinnern, die es vermittelt hat.

Im ersten Kapitel haben wir uns genauer mit der Geschichte des Fußballs auseinandergesetzt. Du weißt jetzt, wann die Menschen den ersten Ball als Spielgerät nutzten und wie sich das Ganze zu dem entwickeln konnte, was es heute ist. Du weißt jetzt, dass es die ersten Bälle schon lange vor unserer Zeit gab und dass sie vermutlich genutzt wurden, um für die Jagd zu trainieren. Außerdem hast du erfahren, dass man in Europa erst viel später angefangen hat, Fußball zu spielen, und dass es damals noch keine festen Regeln gab, weshalb viele Spiele sehr brutal abliefen.

Mit den ersten Regeln kamen auch immer mehr Vereine und Turniere, in denen Spieler ihr Können beweisen konnten. Irgendwann konnten Fußballer ihr Hobby dann sogar zum Beruf machen und mit dem Sport Geld verdienen. Was bei den Männern schon fast vollkommen normal war, entwickelte sich bei den Frauen erst viele Jahre später, aber irgendwann wurde auch der Frauenfußball geboren. Er hatte teilweise noch andere Regeln, als die Männermannschaften sie für ihre Spiele hatten, zum Beispiel was die Kleiderordnung anging. Doch mit der Zeit änderte sich auch das, und die Frauen konnten in dem Sport von einer immer weiter steigenden Beliebtheit profitieren. Jedoch sind selbst heute noch die Männermannschaften deutlich beliebter, ich bin mir aber sicher, dass sich das im Laufe der Zeit noch ändern wird.

Das darauffolgende Kapitel beschäftigte sich mit den Regeln des Fußballs. Dabei gibt es einige Regeln, die sehr ungewöhnlich sind, und andere, die erst sehr spät eingeführt wurden und ohne die man sich heute aber kein Spiel mehr vorstellen kann. Ein gutes Beispiel dafür ist die Rote Karte oder die Abseitsregel, wie wir sie heute kennen. Jetzt weißt du auch, warum unter Umständen der Ball beim Elfmeterschießen festgehalten werden darf und was passiert, sollte ein Spieler sich tatsächlich schon vor dem Spiel grob verhalten. Davon abgesehen bist du jetzt darüber informiert, warum der Strafstoß erst so spät eingeführt wurde und warum man eine solche Regelung vorher nie in Betracht zog. Schließlich waren es ja früher vor allem die reichen und vornehmen Leute, die Fußball spielten, von denen hatte man solch grobes Verhalten im Spiel nicht erwartet.

Als Nächstes folgte ein Kapitel über Fakten, die ganz interessant, aber eher unbekannt sind. Zuerst hast du ein paar interessante Fakten kennen gelernt. Es ging beispielsweise um den Grund dafür, dass die Rote Karte in der Hinterntasche des Schiedsrichters steckt, statt in der Brusttasche, wie die Gelbe Karte auch. Zusätzlich hast du einige Hintergrundinformationen zu einzelnen Spielern bekommen, die so ungewöhnlich sind, dass man sie einfach erwähnen musste. Du weißt jetzt unter anderem auch, wie ein Ball aussehen muss, damit er für ein offizielles Spiel zugelassen wird, und was bei den bisherigen Weltmeisterschaften und Ligen so Spannendes passiert ist. Ob es nun Mannschaften waren, die ihre

Teilnahme für die WM abgesagt haben, obwohl sie sich qualifiziert haben, oder solche, die genauso oft gewonnen haben, wie sie abgestiegen sind, du weißt nun ganz genau Bescheid.

Danach kamen die lustigen Fakten, in denen es unter anderem um Verletzungen ging, die durch blöde Umstände entstanden sind. Aber auch extra für Spiele freigelassene Gefängnisinsassen und übersehene Handspiele haben hier ihren Platz gefunden. Warum für die Fußballer aus Südamerika Spitznamen so eine wichtige Rolle spielen, kannst du nun auch sagen, denn das hast du genau so erfahren wir den Grund dafür, warum ein Spieler aus Frankreich keinen festen Geburtsort auf seiner Geburtsurkunde stehen hat. Auch der eine oder andere lustige Zufall blieb in diesem Kapitel nicht vor deinen Augen versteckt.

In dem Kapitel zu Aberglaube und Ritualen hast du gelernt, wofür Rituale überhaupt gut sind und warum jeder Mensch mindestens ein Ritual braucht, um durch den Alltag zu kommen. Dann haben wir uns einige Rituale der Trainer und Spieler genauer angesehen und dabei festgestellt, dass es echt verrückte Ideen gibt, was das angeht. Vor jedem Spiel schlafen oder ein Kaffeekränzchen abhalten gehört da noch zu den vergleichsweise normalen Ritualen.

Im Gegensatz dazu ist es schon weniger normal, regelmäßig auf das Spielfeld zu pinkeln oder viel zu große Schuhe zu tragen, bei denen jeder andere Mensch ständig stolpern würde. Aber wie wir ja bereits in dem entsprechenden Kapitel festgestellt haben, ist Aberglaube nichts Schlechtes, solange dadurch niemand, also weder der, der das Ritual ausführt, noch die anderen Spieler, Trainer oder Zuschauer, verletzt werden und es der Person ein Gefühl von Sicherheit bereitet und ihn auf das Kommende vorbereitet.

Ganz zum Schluss haben wir uns einige der lustigsten Fußballzitate angesehen, die man im Internet finden kann. Dabei stellten wir fest, dass die Aufregung, die sowohl die Spieler als auch die Trainer bei einem Interview verspüren, manchmal für echt lustige Sprüche sorgt. Oft ist es aber auch der Humor der Leute selbst, der die Zitate so richtig lustig macht. Ein gutes Beispiel dafür waren die selbstironischen Sprüche, die man von der einen oder anderen Person zu hören bekommen konnte. Besonders lustig waren aber auch die schlauen Feststellungen, die manchmal gar nicht so schlau klangen. In diesem Abschnitt fand man jedoch auch einige Zitate, die nur lustig sind, weil sie aus dem Zusammenhang gerissen wurden. Wenn man wüsste, in welcher Situation sie entstanden sind, wären einige davon vielleicht gar nicht mehr so toll. Am Ende bekam Lukas

Podolski quasi seine „Ehrenabteilung", denn er ist wohl derjenige, auf den man am häufigsten trifft, wenn man nach lustigen Zitaten sucht.

Und schon sind wir am Ende des Buches angekommen. Ich hoffe, du konntest so einige Informationen mitnehmen, mit denen du jetzt vor deinen Fußballfreunden angeben kannst. Wenn dich jetzt das Fußball-Fieber wieder so richtig gepackt hat, würde ich vorschlagen, dass du dich gleich auf den Weg zum nächsten Spielfeld machst. Vielleicht triffst du ja auf dem Weg ein paar Leute, die dich zum Kicken begleiten. Zusammen macht es ja doch immer noch ein bisschen mehr Spaß, als wenn man nur alleine gegen eine Wand spielt und wartet, bis der Ball wieder abprallt und zurückkommt. Ich persönlich werde mich an dieser Stelle nun verabschieden, denn ich denke, meine Aufgabe ist erfüllt. Wie sagte Giovanni Trapattoni einst so schön? – „Ich habe fertig!"

Ach ja und vergiss nicht, beim Fußball sollte immer der Spaß im Vordergrund stehen. Wettbewerbe sind toll, aber noch längst nicht alles im Leben, also genieße einfach die Zeit auf dem Spielfeld, egal, ob als Hobbyspieler oder als zukünftiges Teammitglied der Nationalmannschaft.

Vielen Dank für den Kauf dieses Buchs! Wir hoffen, dass du mit unserem Produkt zufrieden bist.

Kundenzufriedenheit ist uns extrem wichtig und wir freuen uns, wenn du uns deine Eindrücke und Feedback mitteilen könntest. Es wäre toll, wenn du dir kurz die Zeit nimmst, eine Bewertung bei Amazon zu schreiben. Denn dann helfen Sie auch anderen Kunden bei der Auswahl.

Bei Fragen zum Buch, weiteren Anliegen und natürlich auch Kritik stehen wir dir selbstverständlich gerne zur Verfügung!

Schreibe uns am besten eine Mail oder ruf uns an.

Viele Grüße und alles Gute
Daniel Hertz

1. Auflage

Herausgegeben durch:

XASTY
Inhaber: Dr.-Ing. Tobias Schulze
Graudenzer Str. 21-23
25746 Heide
Deutschland

Telefon: 0481 64062837
E-Mail: info@xasty.de

Haftungsausschluss

Die Umsetzung aller enthaltenen Informationen, Anleitungen und Strategien dieses Werkes erfolgt auf eigenes Risiko. Für etwaige Schäden jeglicher Art kann der Autor aus keinem Rechtsgrund eine Haftung übernehmen. Für Schäden materieller oder ideeller Art, die durch die Nutzung oder Nichtnutzung der Informationen bzw. durch die Nutzung fehlerhafter und/oder unvollständiger Informationen verursacht wurden, sind Haftungsansprüche gegen den Autor grundsätzlich ausgeschlossen. Ausgeschlossen sind daher auch jegliche Rechts- und Schadensersatzansprüche. Dieses Werk wurde mit größter Sorgfalt nach bestem Wissen und Gewissen erarbeitet und niedergeschrieben. Für die Aktualität, Vollständigkeit und Qualität der Informationen übernimmt der Autor jedoch keinerlei Gewähr. Auch können Druckfehler und Falschinformationen nicht vollständig ausgeschlossen werden. Für fehlerhafte Angaben vom Autor kann keine juristische Verantwortung sowie Haftung in irgendeiner Form übernommen werden.

Urheberrecht

Printed in Poland
by Amazon Fulfillment
Poland Sp. z o.o., Wrocław

24743472R00040